The Assembly

"The Word Search Collection"

By

Rbisthatyou.com

ISBN: 9798573863214

Imprint: Independently Published

Copyright 2020

How to Start

These puzzles are in classic word search format.

- Scan back and forth along each row of the letter grid, looking for the first letter in a word. Also scan up and down each column of the grid.
- Use a finger or the (capped) end of your pen or pencil to help guide your search.
- Do a circle search around letters to see whether they lead on to the next letter in the word you're looking for.
- Use a highlighter pen or light-colored pencil if you want to mark on top of the words you find. Otherwise, use a pen or pencil to draw loops around the words.
- Search for less-common letters in a word, such as J, B, K, Q, X, Y, or Z. This strategy makes the rest of the word easier to find.
- Search the grid for the double letters in a list word.
- Look for circular letters, especially O, D, and Q.
- If you see a Q in the grid with no adjacent U, you probably don't need to follow it any further.
- Cross off the words in the list as you find them.

CONTENTS

African Americans Figures

```
A N P Y S R I C H A R D A L L E N R R T
S N N P N A R R O F J E U S S Y M D E P
Z O J O H I D R I C A M S V U U A I K H
G S P O T T F Q E T J O J J F J U Z E I
P K J J H G S Y J S Z R R G C I L X N L
J C S V T N N U D Q L V A R R S A L N L
Q A W D G B H I J E T V C F P K N V A I
R J G N I K R E H T U L N I T R A M B S
Y E J G V E C C N S S I S O N A K V N W
K S L I H M Y R Y R A E Q F Y P A F I H
Z S X A W P X Y L Z I W N O O A R B M E
F E M A L C O L M X Z K T R M S E H A A
V J L M K I L Y U X Q R C R E O N S J T
N O T G N I L L E E K U D L E R G E N L
N O S N I B O R E I K C A J A K A H E E
M A D A M E C J W A L K E R V R O D B Y
U O L E G N A A Y A M I R H D R K O C B
C C U D S D K L Q Y L E Y T G H I E B O
B L A C K L I V E S M A T T E R X F C Z
T W X I S C A C L X T P E M F T A B I J
```

**BENJAMIN BANNEKER - BLACK LIVES MATTER -BOOKER T WASHINGTON
DUKE ELLINGTON - ERNEST JUST - JACKIE ROBINSON - JESSE JACKSON
JOHN HENRIK CLARKE - MADAME CJ WALKER
MALCOLM X - MARTIN LUTHER KING JR - MAULANA KARENGA
MAYA ANGELOU - PHILLIS WHEATLEY -RICHARD ALLEN
ROSA PARKS**

Date:…………………………………..

Signature:…………………………….

60's Sitcoms

```
W  O  H  S  H  T  I  F  F  I  R  G  Y  D  N  A  X
H  O  G  A  N  S  H  E  R  O  E  S  V  C  T  B  F
T  N  N  P  P  H  Y  R  D  D  V  N  G  H  U  T  B
D  F  S  U  B  M  J  U  L  I  A  L  L  X  K  A  V
P  E  A  M  M  R  A  B  G  M  E  N  L  S  D  P  B
S  V  A  M  A  U  O  X  T  D  B  B  R  I  Z  A  I
E  D  H  T  I  E  I  A  S  O  O  E  T  D  I  T  B
R  L  L  H  O  L  B  C  D  E  T  O  C  J  J  T  S
C  Q  O  L  V  O  Y  D  Y  S  T  Y  G  T  E  Y  E
A  G  I  L  L  I  G  A  N  S  I  S  L  A  N  D  K
N  G  K  P  D  I  W  U  F  N  E  D  N  R  C  U  A
E  S  H  F  F  T  M  X  P  F  V  O  E  I  J  K  O
E  I  N  N  A  E  J  F  O  M  A  E  R  D  I  E  T
R  V  X  I  H  P  D  P  K  D  E  I  K  I  A  S  G
G  K  S  T  Y  F  M  R  M  T  L  X  R  T  R  H  E
X  C  X  Y  B  I  L  L  C  O  S  B  Y  S  H  O  W
O  N  Q  E  S  S  K  V  X  A  E  S  X  C  S  W  C
```

**ANDY GRIFFITH SHOW - BATMAN - BILL COSBY SHOW
BROAD SIDE - FAMILY AFFAIR - GILLIGAN SISLAND
GOOD GUYS -- GREEN ACRES - HOGANS HEROES
I DREAM OF JEANNIE - JULIA - LEAVE IT TO BEAVER
PATTY DUKES HOW - THE MUNSTERS**

Date:.......................................

Signature:.............................

Basketball Legends

```
T E M N D R I B Y R R A L Q Z A G E
R V I O W I X C X A U Z V C J N B K
A L C S Q H G F W B K N Q V I S H N
C L H N T A Q I V B E O F V F G I L
Y E A H V C H Z Y A B A R W G A E K
M S E O L U F S X J L E R Q L B H O
C S L J E Q Y Z G L S A W R R C P B
G U J C J H Z W E U A H E O K Q T E
R R O I V N F N I D N B N P J K D B
A L R G F F I L T B M J B V M P J R
D L D A L V U I F A A J V E W W B Y
Y I A M E J M R H M A Q F C N G K A
P B N R D D J C E E N B N A G A J N
G H S Y U U T S X E Y M W S U M Q T
Q O T N P L P A T R I C K E W I N G
N E C K I L I S I A H T H O M A S V
B A K W M Q Z T L K Z O O U A O N D
N K H O S C A R R O B E R T S O N V
```

**ALLEN IVERSON - BILL RUSSELL - ISIAH THOMAS
JULIUS ERVING - KAREEM ABDUL JABBAR
KOBE BRYANT - LARRY BIRD - LEBRON JAMES
MAGIC JOHNSON - MICHAEL JORDAN - OSCAR ROBERTSON
PATRICK EWING - SHAQ - TIM DUNCAN
TRACY MCGRADY - WILT CHAMBERLAIN**

Date:……………………………………..

Signature:…………………………….

Chadwick Boseman Legacy

```
W R N C A S T L E T Y I B M R
V Z O S Z W P Y T T A R L K T
I H X I M U Y H H Q D G A Q J
O Z S E N D G E V F T S C Q K
L W G O P E E K V P F Z K U M
O P T Q C X F O J G A W P V E
H E V Y P A O P E S R S A N U
G C E R T P S H O K D M N F I
K S E B G R D P N S Q U T E K
T S Y F X K O Q O Y P M H V R
S V Y J S G G F I T H I E Y M
N R W A F C E L L A H S R A M
N S O X Q T H L P T F U M N T
D B N B O Z T I Z W Z U R Y K
L I N C O L N H E I G H T S K
```

BLACK PANTHER
CASTLE
DRAFT DAY
FORTY TWO
GET ON UP
LINCOLN HEIGHTS
MARSHALL
THE EXPRESS
THE GODS OF EGYPT

Date:…………………………………..

Signature:…………………………

Comedians

```
B B C R T W Z H L T C C W P P E R M Y B
X E Y S V O Q D I R R A F T L V I S H C
B W R V A K M B U E R B K L V L C N P H
E P H N O I I M K U M T E U N E H K R R
G V B T I C X C Y B F P S D J Q A Q U I
E X F S X E U G Y D P N V V I T R B M S
D G K W R T M W A A A A O N T H D Q E R
Q U L S S J E A H T V V D W R W P P I O
N U J I A V I C C K E V I N H A R T D C
J E R R Y S E I N F E L D D J D Y G D K
A H T B U V W E J C L S B X S I O F E C
C F E I A B U A L I Y E Q L J O R S W P
X V Z D H X M M A S N D J R F W N A I O
A X Z D D I P M N I F F I R G E I D D E
T S O U E L S Y B S O C L L I B N W O A
S I L F D E Y O U O A T A S K P I S H Y
I R O F D A R I M V U T F Z O U T C K E
P X D H T D F J O N R C H X C H R Q G D
X F Y K U H E Z U F F P U B N M A B V Z
H J O P A U Z R U K R J U Z I J M F A V
```

**BERNIE MAC - BILL COSBY - CHRIS ROCK - CHRIS TUCKER
DAVE CHAPPELLE - EDDIE GRIFFIN - EDDIE MURPHY
JAMIE FOXX - JERRY SEINFELD - KATT WILLIAMS
KEVIN HART - MARTIN - REDD FOXX - RICHARD PRYOR
TOMMY DAVIDSON**

Date:…………………………………..

Signature:…………………………

Ms. Delightful

```
C T S S D U Y L S G S M E D O P M A H L
O R V S O S F T L T E T D I V I N E G O
N E B H S W R V R N A Q W Y D F C N P V
S F L A A E D O A N U K G F N I I R M I
I D L B N S N O O G I R G N R N J E Q N
D C R G A G A I B R E A T H T A K I N G
E E T E U R S P H V T Z K S S Z P B G X
R H L K A S I Y P T L U F T H G I L E D
A D W I A M W M R R W J L T H M K G X N
T P G P C D Y A D T E U U H N Y C R D N
E L M K H A C J N A G C F Y Q A R A U J
R O U Q H T T A V V M E I B T E G C E F
C B V I I J I E U N F K T A F W H E Y O
G G E V M L J V T V H J U O T R I F L R
N M E N L C I L E G N A A C W E W U U E
I H M I O H R E J S B E E W R S D L Q I
R V R W O N D E R F U L B W T W E M E V
A B S O Y S M F M Y M J U D F P X M H F
C V P H M N I Y I A B L C C B F Q X H S
T D I P M F N A G T M N U K V P M X B C
```

**ADMIRABLE - ANGELIC - APPRECIATED - ATTRACTIVE
BEAUTIFUL - BREATHTAKING - BRILLIANT - CARING
CLASSY - COMPASSIONATE - CONSIDERATE - DELICATE
DELIGHTFUL – DIVINE - DREAMY - ELEGANT
GRACEFUL - LOVING - STRENGTH - STRONG - WONDERFUL**

Date:……………………………..

Signature:…………………………

Michael Jackson

```
D N B I U M M O P W E W S T J
L A W I B B H V M Y D F M I R
R E H Z D V Q X S I T I O T H
O J H V Q G Y C G L O Y O A U
W E W P K F H F B W T Y T E T
Y I D I R T Y D I A N A H B H
M L G H U O Y H T I W K C O R
K L K H E A L T H E W O R L D
C I T B L A C K O R W H I T E
O B S U O R E G N A D X M O F
R E M E M B E R T H E T I M E
U R O R R I M E H T N I N A M
O S B G A T J A M V M Y A O D
Y L R I G N A I R E B I L A A
N H G X Z R C S V K D A B Z F
```

BAD	**BEAT IT**	**BILLIE JEAN**
BLACK OR WHITE	**DANGEROUS**	**DIRTY DIANA**
HEAL THE WORLD	**JAM**	**LIBERIAN GIRL**
MAN IN THE MIRROR	**PYT**	**REMEMBER THE TIME**
ROCK WITH YOU	**SMOOTH CRIMINAL**	**YOU ROCK MY WORLD**

Date:…………………………………..

Signature:……………………………

70's Sitcoms

```
S H T P H K L D U H D Z S I V Y C X
N F A H X I F V A L P S N P M U H V
O O P V E Z V P G F E C V H B N A G
S S I H X L P L X S R D G V O R R O
R Z T D E Y O U F E Z O U S H G L O
E O Y A D C Z V D W N W D A K O I D
F Y Q A R F A I E B Z N O L M T E T
F F Y A O S B C G B A Y Y T D Y S I
E S J Q H L K O Q D O R T L K F A M
J V N N E C W Y R N I A N K T L N E
E W J H C V U O A V I Q T O I I G S
H R U D I F F R E N T S T R O K E S
T L A L Q N B E J Z D T V E H N L N
K T C U A T K J O Z A H X F S L S R
V U W S N O S N E B D S U Y A N G H
T H E B R A D Y B U N C H T M O Q F
Y L I M A F E H T N I L L A C P D X
W W A H X H B E B O R T S T Q H I N
```

**ALL IN THE FAMILY - BENSON - CHARLIES ANGELS
DIFFERENT STROKES -- GOOD TIMES - HAPPY DAYS
INCREDIBLE HULK - MASH - MAUDE - SANFORD AND SON
SOAP - STARSKY AND HUTCH - THE BRADY BUNCH
THE JEFFERSONS - THE LOVE BOAT**

Date:…………………………………..

Signature:…………………………

Endangered Animals

```
D A D V J X P S Z A O S E X A
T R G E O G E O N N N L S S L
S Q A U G A N U L H I O H L O
W U K P L L T A X A H T V F A
V P O I O E T I G E R H D Q S
L M O I Y E B O I S K B C D F
P N G E N W L S V F C F E X H
S Z G E Y S L R W V A I I A X
S I R A U G A J U T L N M P R
B E W A C A M V C M B W P K L
G I A N T P A N D A A H R X N
A F O L R J V T K T O A O L O
L C K Z S R C L F F E L L J E
D K N B T V U X K R C E P P L
E L T R U T L L I B S K W A H
```

AMUR LEOPARD - BELUGA - BIGEYE TUNA
BLACK RHINO - FIN WHALE - GIANT PANDA
HAWKS BILLTURTLE - JAGUAR - MACAW
POLAR BEAR - SAOLA - SEA LIONS
SEALS - SLOTH - TIGER

Date:………………………………..

Signature:……………………………

Football Greats

```
N F E T O Y F T J B A S A L S
M O F M S N O O R K R H A J R
J L T S M M I E H E Z W L O E
U I W Y B I T R D W R E E E D
P T M R A T T N A E O N E M N
M R A B F P A T N M E O H O A
A D O A R S R C S E N M Z N S
Y X V G Y O E R M N A Z T N
Z R B R C T W G T F I N D A O
E A R Y A Y E N V L W T E N I
C A E Y W O T Z Q G A I H A E
B D L S J J O H N E L W A Y D
O O G N I N N A M N O T Y E P
R T E R R E L L O W E N S A M
E C I R Y R R E J S R R T P L
```

BARRY SANDERS - BRETT FAVRE - DAN MARINO
DEION SANDERS - EMMITT SMITH - JERRY RICE
JIM BROWN - JOE GREENE - JOE MONTANA
JOHN ELWAY - LAWRENCE TAYLOR
PEYTON MANNING - TERRELL OWENS
TOM BRADY - WALTER PAYTON

Date:..

Signature:...............................

Greatest Golfers

```
R E M L A P D L O N R A B J Q D
S N W O Q W C C A T N E A T S E
A C E C S D K M I E N C W P R U
M K H Z E F R G G H K N B H V D
S V N R A O E A O N J E I I N R
N L I N N R H G I M L T L L O E
E D D G W R A C G L D L L M S Y
A O E O E N K S U J Y V Y I L A
D R O T C L O L E G D M C C E L
G D L U A E R G R N K T A K N P
S A A U P C L X J U E U S E N Y
W B S N N A D H P Z V G P L O R
R O R Y M C I L R O Y O E S R A
S E N O J Y B B O B D X R O Y G
T O M W A T S O N W F C H N B B
V S C U K X G P K X J B E P O W
```

ARNOLD PALMER - BEN HOGAN - BILLY CASPER
BOBBY JONES - BYRON NELSON - GARY PLAYER
GENE SARAZEN - GREG NORMAN - JACK NICKLAUS
PHIL MICKELSON - RORY MCILROY - SAM SNEAD
TIGER WOODS - TOM WATSON - WALTER HAGEN

Date:……………………………………..

Signature:…………………………

Gospel Music Artist

```
I R N J Y Y K U H N R M A F J K
F A I S B E W I D C A C R Z S I
I N K G H N N B M R I E Z B S R
S C R U L I D A Y B D N B S E K
Z E U T C P R M L H U O L K C F
P A L X W X A L A U C R L E S R
P L C Q J R V M E A D A R V N A
A L C E Y G M H H Y W D B E D N
S E M A J O Y S H H C Z D I L K
N N E Y N X A P A M R A J O P L
I L I D W T T I E V E B E V T I
V R N U M F K C C C D I O S L N
R C N U L E C K I X A I V P A I
A L O M Z T A M E L A M A N N R
M U D E I T R I C K H A D D O N
P F H S E N O J N O T N A C T N
```

BEVE - CANTON JONES - DEITRICK HADDON
DONNIE MCCLURKIN - FRED HAMMOND - HEZEKIAH WALKER
KIM BURRELL - KIRK FRANKLIN - MARVIN SAPP
MARY MARY - RANCE ALLEN - SHIRLEY CAESAR
TAMELA MANN - TASHA COBBS - TODD DULANEY

Date:…………………………………..

Signature:……………………………

Famous Actors

```
E  R  I  T  I  S  Y  Y  X  N  Y  X  Q  V  U  N  N  E
J  H  D  J  F  E  G  Y  Y  C  Q  T  B  I  A  D  O  D
R  G  D  C  D  F  J  X  R  R  T  Q  D  M  Q  D  S  D
B  K  W  O  P  B  B  G  Z  T  P  X  E  I  E  V  K  I
Y  E  N  O  O  L  C  E  G  R  O  E  G  N  E  D  C  E
N  R  I  B  V  W  D  B  A  P  R  W  Z  W  A  V  A  M
O  J  R  A  K  T  L  R  F  C  E  J  N  X  H  J  U
M  M  R  E  W  A  V  S  N  U  L  N  N  D  T  B  L  R
A  Z  L  Q  B  Y  D  A  A  W  C  Y  J  I  A  S  E  P
D  K  Y  R  Y  E  G  P  A  E  G  E  M  L  Z  P  U  H
T  N  Y  A  C  R  L  S  I  L  T  S  W  K  R  D  M  Y
T  C  M  K  O  F  H  L  O  T  L  N  C  I  D  O  A  O
A  D  C  M  P  I  W  V  A  L  T  E  I  I  L  G  S  J
M  Q  H  O  N  D  E  H  I  H  N  L  W  L  H  L  L  I
O  L  H  G  B  R  X  W  Z  I  G  M  D  P  C  P  I  L
K  I  T  W  E  S  L  E  Y  S  N  I  P  E  S  Q  N  S
W  O  P  P  E  D  Y  N  N  H  O  J  J  S  Z  P  C  E
N  J  I  M  C  A  R  R  E  Y  E  R  B  T  C  F  W  J
```

**BRAD PITT - BRUCE WILLIS - CLINT EASTWOOD
DANNY GLOVER - DENZEL WASHINGTON
EDDIE MURPHY - GEORGE CLOONEY - HALLE BERRY
JIM CARREY - JOHNNY DEPP -MATT DAMON
MORGAN FREEMAN - SAMUEL JACKSON - WESLEY SNIPES
WILL SMITH**

Date:……………………………………..

Signature:…………………………

Influential Models

```
N M U L K I D I E H N Q R N G
N A C I N D Y C R A W F O R D
A X O L T J A Y W S W S P W R
G M F M H Y X W E B N S I L E
S B I K I P R N C H L N X A K
Y S K L C C O A O L N G P U R
G Y O Q A J A J B I T C R R A
G E B M E N Y M E A W Q L E P
I Z C C E L A H P C N Y D N Y
W W A F R T A I K B N K I H Z
T R Q E I R A H R A E K S U U
G P V H L G I K M D O L G T S
D E Q O X O E I V X A C L T E
B H W F H G I E L N A I R O D
A G Y N E S S D E N M L J N N
```

**ADRIANA LIMA - AGYNESS DEN - BEVERLY JOHNSON
CINDY CRAWFORD - DORIAN LEIGH - GRACE JONES
HEIDI KLUM - IMAN - KATE MOSS - LAUREN HUTTON
NAOMI CAMPBELL - SUZY PARKER - TWIGGY
TYRA BANKS - WINNIE HARLOW**

Date:.......................................

Signature:.............................

14

80's Sitcoms

```
P K G Y Z F F W Z Q K S O S N S N V
C E Y N R M E D C A N L J D T R U A
H R R A I B P X E I F J A T W E J H
Z C U F S N F C A C F V H V K T A N
B E A T E F E P S R E E H C R T D E
C E E O W C G P O A G C U H O A I M
U R M C C N T X P O U W N Z S M F A
V K B P I Z B S L A B G L V E Y F L
I S A W T I K D T I H N Y G A L E R
E F O M X Y E V K R U S Y C N I R M
Z R A Y X N N Z I J A B T T N M E U
G A D P G E H E K X G N J A E A N M
V I W I A K C H S R X P G F H F T B
J J R K I O E E R T V Q F E J W W P
L L E B E H T Y B D E V A S R I O H
S O R Y F U L L H O U S E V X S R R
M H P Z V R M O T Y D O I A I D L C
I Q I K W X L S J L B L T O V Z D S
```

A DIFFERENT WORLD - AMEN - CHEERS - COACH
EMPTY NEST - FAMILY MATTERS - FULL HOUSE
GROWING PAINS - PERFECT STRANGERS - ROSEANNE
SAVED BY THE BELL - TAXI - THE GOLDEN GIRLS
WEBSTER - WHATS HAPPENING

Date:………………………………………..

Signature:…………………………….

Pro Snowboarders

```
T T T M S G O U Y K W S U S S G
Y O S O I E L I J B I U T K A M
L B R U R I M G L R U A E S G E
E G G S T A F A R O L F H Z E L
R R R F T G H O J E V A J R K A
J P B E C E M B S T U E W D O D
E R M N G C I A R N T W Q I T N
W R G A M B N N W I U O Z T S E
E O E K U D R H H N G V C W E R
L R R F B A I E X O D H R S N O
L A M E Z T L H T I R W T Z B N
M F C Z E U R C Q Z F G Q Y U E
G H A N N A H T E T E R M X R J
N O S R E D N A E I M A J O G L
B I J E E C I R S I V A R T Q I
P U B R A D M A R T I N K U T S
```

BRAD MARTIN - GREG BRETZ - HANNAH TETER
JAMIE ANDERSON - MARK MCMORRIS - SAGE KOTSENBURG
SCOTT JAMES - SHAUN WHITE - SILJE NORENDAL
STALE SANDBECH - TORAH BRIGHT - TORSTEIN HORGMO
TRAVIS RICE - TYLER JEWELL

Date:.....................................

Signature:.............................

Famous Pastors

```
N B I L L Y G R A H A M D B O E Y H T M
E O F E R M Q D I P U J E X E K M A Q K
E J S Q T U Y W X N G V K G B V L I A T
E T G R N I D L Y Y E R A K Z Y G M C U
B L D Z A X H B E R P H O B A U S E O U
W J C J X E A W L S N E Q Z G K J R N K
O H K E A T P Y A H M A W B M O O E O B
H N M N I K B N O L Q U W U E T R J T R
X A D N W E E J O V U B N L X W D D R O
L H A S N J J S N T C A O R O H W I O Y
N U B N P A R W P K L S P F O Q I V M H
J Q E M Y M K L O K T R I G Y E C A L D
N T B F M A Q N Q E D I A A S F D D U S
T Q S G S L R R E Y E M E C Y O J Y A U
S B O U I B W N E D D I E L O N G S P A
Y F G U O R T Q Y L H P G C X L Z N Z H
R Y Q W H Y F R I M E H I H S J O S H W
F E W T C A K T O O K W A Z B K E K G M
G M G E Q N M E T X U A H N N L I I J L
A P V P G T Y E L N A T S S E L R A H C
```

**BEVERLY BENNETT - BILLY GRAHAM - CARLTON PEARSON
CHARLES STANLEY - DAVID JEREMIAH - EDDIE LONG
JAMAL BRYANT - JOEL OSTEEN - JOHN HAGEE
JOYCE MEYER - JUANITA BYNUM - MYLES MUNROE
PAULA WHITE - PAUL MORTON - TD JAKES**

Date:..

Signature:...............................

Is Love Real

```
T B D M T B A P H F T D D B D P T E L J
Y H N N H H H G I N N T A P E U O V O L
U N G W U B E R Y I K C I T T K O O V W
S K O I U O S B L M K U T P B C H L E M
Q Y X W S T R B A W X E U L A O O F I F
T E K S D T S A I C R R J X F L T O S I
A J W A U I S T G O H X H O L R T R L W
Y F T C E M H R L N O E P N R E O O A V
E E U V D T U E I M I L L J R T H V N J
S N O J H H H X Y F L T N O B F A A D C
H L C E H C Y J M P T W A J R A N L J O
H D E T A D D N I L B A Z D A E D F G T
A X N B F U N M G Z E H D P W V L Y U A
E Q E Z V X D X D Y L Z B E Y O E K J K
L H H R S C Z Y E H C V D Y I L P Z U S
T N Z Y D T H E P I C K U P A R T I S T
Y A L E T O H E S I D A R A P G R H I F
D A T I N G N A K E D O T B D P J A D K
V Y C S N N P W I J O O S B F U Z S M X
W L R O S P E B G C R B D H Y Y P P U F
```

BACK WITH THE EX - BLIND DATE - DATING AROUND
DATING NAKED - FIRST DATES - FLAVOR OF LOVE
LOVE AFTER LOCKUP - LOVE IS BLIND
MARRIED AT FIRST SIGHT - PARADISE HOTEL - THE BACHELOR
THE BACHELORETTE - THE PICKUP ARTIST
TOO HOT TO HANDLE - LOVE ISLAND

Date:…………………………………..

Signature:………………………….

Football Greats 2

```
S  M  E  R  I  C  D  I  C  K  E  R  S  O  N
T  I  S  T  R  E  G  G  I  E  W  H  I  T  E
E  C  R  S  R  T  S  R  G  D  Y  I  U  M  S
V  H  E  S  W  O  Q  E  E  Z  B  P  A  Y  I
E  A  G  O  T  R  Y  E  E  B  V  R  N  J  W
Y  E  D  M  E  J  R  P  L  R  S  A  D  U  E
O  L  O  Y  O  D  U  V  O  H  B  G  X  X  L
U  S  R  D  E  I  G  O  A  L  J  W  W  B  Y
N  T  N  N  F  L  S  L  N  W  A  N  E  R  A
G  R  O  A  D  R  L  K  P  F  G  M  L  R  R
L  A  R  R  Y  F  I  T  Z  G  E  R  A  L  D
E  H  A  L  A  D  O  B  Q  J  R  E  T  L  Q
H  A  A  U  H  T  I  M  S  E  C  U  R  B  U
K  N  L  N  I  V  R  I  L  E  A  H  C  I  M
E  K  W  A  H  S  D  A  R  B  Y  R  R  E  T
```

AARON RODGERS - BRUCE SMITH - DREW BREES
ED REED - ERIC DICKERSON - LARRY FITZGERALD
MARSHALL FAULK - MICHAEL IRVIN - MICHAEL STRAHAN
RANDY MOSS - RAY LEWIS - REGGIE WHITE - STEVE YOUNG
TERRY BRADSHAW - TROY POLAMALU

Date:……………………………………..

Signature:……………………………

Basketball Stars

```
B Z T D T S M L L W J Q O K N Y I O
N A A W P X V C I A R D P L V L J M
Z E R N U D N R M G R P I A R M V V
Y N E W T R S E T A U D D Y E G M I
W U R R Q H S L N U W S A T L H H D
I Z G V G H O O X Y B W L H T E B E
A Q Z N A D E N A P G M O O U I N A
S D S R I L N N Y V M J R M B L R M
L N D S I V E O M D C U O P Y O P N
Q E L H E W R A M E A B T S M U A D
N L W P A G P I O Y T V C O M K U Q
G A M D C D E W E X A C I N I N L G
K R E K C L S R G I J R V S J A G O
S T E P H E N C U R R Y D I Y T E E
D E R R I C K R O S E Y M C A R O G
L U A P S I R H C A W M K Y X Q R F
T N A R U D N I V E K Y Q J G I G A
K O O R B T S E W L L E S S U R E Q
```

ANTHON YDAVIS - CHRIS PAUL - DERRICK ROSE
DRAYMOND GREEN - DWYANE WADE - JAMES HARDEN
JIMMY BUTLER - KAWHI LEONARD - KEVIN DURANT
KLAY THOMPSON - KYRIE IRVING - PAUL GEORGE
RUSSELL WESTBROOK - STEPHEN CURRY - VICTOR OLADIPO

Date:......................................

Signature:.............................

Popular Restaurants

```
E W R Q A L I F K C I H C L E T
L S K E E S A Y A Z O S E N S G
S Q U V D R O R E J J R A T U I
K E F O E L R N I Z R E O G O F
E Q E N H A O H N A I V X P H R
R S A B B E O B B Y T L D X D I
P P O B E P L R S U S U H U A D
B D A U B L E A K T A C P G O A
G S L T V K P P S K E X M R R Y
L M F D C X F P U R F R O C S S
O B X A C N P C A K E F D E A P
G R R D E N N Y S T G L Q F X Q
A C R U T H S C H R I S L P E W
N U M N X N V B X F E H C I T L
S X W B W T Z W A V K T Y O M I
I S B K M I D T Y O Y D R G K D
```

APPLEBEES - CARRABBAS - CHICK FIL A
CRACKER BARREL - CULVERS - DENNYS
IHOP - LOGANS - MILLERS ALEHOUSE
PANERA - RED LOBSTER - RUTHS CHRIS
SONNYS - TEXAS ROADHOUSE - TGI FRIDAYS

Date:......................................

Signature:..............................

2000's Sitcoms

```
E J G Y O Y P W J T I N M T M Q E U M
R V J Z K X R J H N E X W V Y W Q B A
E P E K E Y E E A V K O F W W V P Y L
X C U R K Q O G A C A Z W J I K C K C
L Q I N Y F E R T N B Q B F F T K F O
L B O R F B O I D V Y C R V E B W P L
Y M S I O S O A B G M Q Y K K W B C M
W R C W S Y H D Z V Z O E Y I I W S I
G E O T N A U D Y B F T M S D L W V N
T I A E L L V I M H W A S L S Q W Z T
R H R F H W O H S C A M E I N R E B H
T I M L S T B Z D L G T V Q H A W R E
T E X O F B G G E O R G E L O P E Z M
N X R W B R U N L B W O L S T D V H I
R Z T M P X I R A A W D T U C G W R D
S U F O L L A E C B Y W S Z N H X O D
I G S O L Z J D N S G K A K N R R B L
Q J U U M A Q E A D T I C O B I W I E
D B P N B Y G A S P S L B G W A A J S
```

**ALL OF US - BERNIE MAC SHOW - BIG BANG THEORY
CASTLE - EVERYBODY HATES CHRIS - GEORGE LOPEZ
GIRL FRIENDS - MALCOLM IN THE MIDDLE - MONK
MY WIFE & KIDS - SCRUBS - THAT'S SO RAVEN
THE OFFICE - TWO AND A HALF MEN - ZOEY**

Date:……………………………………..

Signature:……………………………….

American Poets

```
N A G O B E S I U O L U X H W
A L I C E W A L K E R B F B Q
Y E L T A E H W S I L L I H P
S E H G U H N O T S G N A L U
S P M E T N O B A N R A D M A
M A Y A A N G E L O U W O M R
N A M T I H W T L A W H K Q C
S Y L V I A P L A T H N D L C
G W E N D O L Y N B R O O K S
M W W A K A R A B I R I M A F
K N V T R I T A D O V E L O L
Y L U C I L L E C L I F T O N
E L E A N O R W I L N E R B L
J O Y C E S U T P H E N Z G W
Z J B N E D Y A H T R E B O R
```

ALICE WALKER - AMIRI BARAKA - ARNA BONTEMPS
ELEANOR WILNER - GWENDOLYN BROOKS
JOYCE SUTPHEN - LANGSTON HUGHES - LOUISE BOGAN
LUCILLE CLIFTON - MAYA ANGELOU - PHILLIS WHEATLEY
RITA DOVE - ROBERT HAYDEN - SYLVIA PLATH
WALT WHITMAN

Date:…………………………………..

Signature:…………………………….

Battle Rappers

```
C M S X E L Y C V W L K R Y Q X L B P X
T H K L H O A G E E O A N D T Y O A H U
Y M A P L S C R O O S B W R X N Z R A L
L L E R S I E I M O O B O Z N P T S R D
Y G B I L Y M A L Z D V P I S B V O A E
A D D W N I D K A A I Z E H G W S N F D
D Y H B I R E U E E C G K L G N F A U A
S U H D U J Q C K E O C C Y J W W L N O
U P B M B C H J L D M Y D I A F X R E L
L Y E R D S H G I I D A V H D X W O R L
T C R W P P I V U K P N V W T E X L A R
J O R T U W A P Y B A S G R Y O N T L G
H A R S C U Y A V W D L V L H U K W M B
O E E A L X Y K D A L L O H N A M T I H
X P O M K S H I N E M H C M Q C H G Y V
I M K B I V P J R C W T C C O I J U S I
T N E N Z L R L T H A M K R F V B F P S
I R L M L P L L N I A C Y Z Z C X V V R
Z I H P T W R Z V X R A K H W H K I D T
C O N C E I T E D P T F R U S U S T C A
```

ARSONAL - BONNIE GODIVA - CALICOE
CASSIDY - CHARLIE CLIPS - CONCEITED
DAYLYT – DNA – GOODZ - HITMAN HOLLA
JAE MILLZ - K-SHINE - LOADED LUX
LOSO - MEEK MILLS - MURDA MOOK
PHARA FUNERAL - TAY ROC - T-REX - TSU-SURF

Date:..

Signature:..............................

Black Lives Matter

```
R G S C S N T L S V V N J W T M Y A
O E Z K H T Y A I R A P A Z Q M T H
L O V M O H E E M E N L O U R A C Y
Y R N Y X O N P J I T U Z U T D Z H
A G S M A I R M H E R U X I U G R U
T E I S N R A B R O G R A E N Q E N
A F D W T H G S D V N N I I P U N N
N L J U T D C E E R A C L C N L R M
N O Y O B O U C I J A R L K E B A U
O Y B I T K E L E D E H R A Y K G N
E D H T P A C F S T D G S P R D C K
R U J U S K F W S I E E Z Y Q K I Y
B V P I L E Z N P D B G R O A G R B
Q U T Y R Y O A R L S E J F L R E X
M Z D S H T M I C H A E L B R O W N
A K O U L E D U R P L E I N A D U I
H N H A H C I G A K A I G U R L E Y
E L I T S A C O D N A L I H P M Q X
```

AKAI GURLEY - ALTON STERLING - ATATIANA JEFFERSON
BOTHAM JEAN - BREONNA TAYLOR - DANIEL PRUDE
ERIC GARNER - FREDDIE GRAY - GEORGE FLOYD
MICHAEL BROWN - PHILANDO CASTILE - RAYSHARD BROOKS
STEPHON CLARK - TAMIR RICE - WALTER SCOTT

Date:……………………………..

Signature:…………………………

African Americans Figures part 2

```
L A N G S T O N H U G H E S Z A A A I R
W Y A H O L E A P W E Q H W L S X O L E
S B R H J O J J M N K S A V U R U T A V
W G W H O A O Z D A X Z Z U N R K C D R
W D Y C U L B L Y H B P Q E H R P S A A
Y K K J R P T N N X F O L A I T M S M C
Z T R P N L C S P K S V K C R A M W M N
K G V P E F Z H O L F H H C I V N X A O
D T B U R C F U K B K A H L A O E J H T
V D E T T W T M P V R J L G S R H O U G
N B N E R U C H T D X I S I J G A N M N
Q O E N U P Y A W L W X M F D D R B F I
J O C T T T U R R E S E E Y E A R E J H
S A O G H G I N L T J H M P V S I A Z S
I R T W K G J A A C E C X P I F E X P A
F U M E H B H T E T M R V K D F T Z A W
O P J T P L O A K U T B G M G V T O K E
I C J N E U M P L N A U K W V L M L O G
R J S I V A D Y M M A S R S O P V Q G R
Y Z N K O B E B R Y A N T N P O F V O O
S A O T C I E P I I F T N C E I D N B E
D L U V I D G G B G C D L G Y R D S X G
V N U B J M P R L V G F T H W L C H O X
H T U C A C P N N I W F E O Y T L H I N
G H U W Q K C L X W X N C C D K A X H I
```

BARACK OBAMA - CARTER G WOODSON - DANIEL HALE WILLIAMS GEORGE WASHINGTON CARVER -- HARRIET T - KOBE BRYANT --LANGSTON HUGHES - MAE C JEMISON - MUHAMMAD ALI - NAT TURNER   RICHARD WRIGHT - SAMMY DAVIS JR - SOJOURNER TRUTH

Date:...................................

Signature:.............................

Popular Hairstyles

```
V  D  K  O  Z  C  T  E  L  G  S  A  B  L  L
W  M  N  N  C  S  D  S  A  S  C  T  C  U  E
T  J  S  B  E  Y  G  W  C  R  O  R  R  R  A
F  S  G  I  S  R  B  O  E  Y  L  X  I  T  H
S  I  I  D  G  G  L  R  F  P  Y  X  Z  W  H
K  T  N  W  Z  N  Q  N  R  I  L  V  L  L  E
H  C  I  G  T  L  P  R  O  X  F  D  L  B  Y
W  C  Q  A  E  E  Y  O  N  I  R  X  H  K  V
A  Y  R  J  L  R  P  C  T  E  E  K  T  O  F
Y  N  Q  E  M  P  W  O  S  C  T  S  U  G  F
T  E  H  C  O  R  C  A  R  U  T  B  T  W  R
F  A  U  X  L  O  C  S  V  T  U  O  L  D  V
S  D  I  A  R  B  X  O  B  E  B  B  Q  F  A
P  A  S  S  I  O  N  T  W  I  S  T  S  Y  J
V  B  L  M  F  B  C  J  X  Y  T  V  L  T  K
```

**BOBS - BOX BRAIDS - BUTTERFLY LOCS
CORNROWS - CROCHET - FAUX LOCS
FINGER WAVES - LACE FRONTS - LOCS
PASSION TWISTS - PIXIE CUT - PLAITS
ROPE TWIST**

Date:...

Signature:...............................

Social Media Sites

```
H R N F C N S E I I K R J K L
B G R R B J K E C O X M F O N
T U M B L R Y H O A P N C T O
Y E H R N S P B W P P J S K L
H G L O F R E U V T H S O I E
M D U O L C D N U O S T Y T D
S A E V A O N W U X D S E M V
Y N R F N E F L I N K E D I N
O T A G R E T T I W T R M M H
U V W P A L J B K H H E C K H
T N Y I C T N N P P O T W N S
U D U J T H S N D S X N D X F
B N I L L C A N T G B I T N Y
E M O O Z A H T I R K P P O Z
E P X A R E A O Z D Z J M W F
```

FACEBOOK - INSTAGRAM - LINKEDIN
MYSPACE - PINTEREST - SKYPE
SNAPCHAT - SOUNDCLOUD - TIKTOK
TUMBLR - TWITCH - TWITTER - VIMEO
YOUTUBE - ZOOM

Date:......................................

Signature:............................

Music Legends (R.I.P)

```
B C G W J L Y W D D L N O N R R J F X C
A I Z N F O T E N H I D O T U A I R P N
F N L P I S H Y L P V S F A K Y C A F Z
L D H L I D H N S S K H N R A C Z N Q D
N F O V I N D E N C E W F B H H D K C K
J L L H Q E Y E A Y O R O K S A G S G A
V E W F X H H J R R C B P C C R F I W F
O A D H U V L O B S M A V Z A L J N D Q
N A K S I E M S L A I F S S P E A A W D
G U S Q A R E E R I Q T F H U S X T A R
M L A H C M Q L T I D E O K T J Q R U G
E E C T A G E S O K M A R V I N G A Y E
E I J J I Y G M G N G C Y B O E K C E Q
M E K O O C M A S N U Z J O F D Q R C M
Y U V H W H I T N E Y H O U S T O N N S
Z Q W K Y D S C P X I R D N E H I M I J
J O A N V U U C J R Y H D N K M B G R Q
Q K C T Q N T B Z X L Q R S Q K I C P Q
G Q F V M U E O Q T N D F A Q E F G T X
F U U E J O Y J E J C O V A S F M E W X
```

**BILLIE HOLIDAY - BOB MARLEY - ELVIS - FRANK SINATRA
JAMES BROWN - JIMI HENDRIX - JOHNNY CASH
MARVIN GAYE - MICHAEL JACKSON - NIPSEY HUSSLE
OTIS REDDING - PRESLEY - PRINCE - RAY CHARLES
SAM COOKE - TUPAC SHAKUR - WHITNEY HOUSTON**

Date:......................................

Signature:.............................

Reality Tv Stars

```
S N E I G R H R H W S E A B B
V N F S K Z U E E Y O R D E I
I P O G A J J T R R G I E N D
S K T M U I U R G E G C E Z R
J T O J M J I A Y H N A H I A
E O E O M I M C R S V M S N C
E T E V N E S E F J S E A O A
U R B B I S G A O G S N R L S
U G N N U E W N L N X A B F F
L Y N C G D J I U E D K A O U
R O W J O X D G N N G V F L I
R X N E N E L E A K S N S F P
E S O O P A P R N T M I A G X
S S O M D A H S X J H Q K A B
J O Y Y O U N G G B V Q U V U
```

**ANGELA SIMMONS - BENZINO - CARDIB - ERICA MENA
JOE BUDDEN - JOY YOUNG - JUJU - NENE LEAKS
PAPOOSE - RASHEEDA - REGINAE CARTER
RONNIE MAGRO - SHAD MOSS - SNOOKI - STEVIE J**

Date:………………………………..

Signature:…………………………

Movies

```
N E D G E T O U T R A K R J I
D O Q J N E K A T S R T E O J
G C P U A M C B I A D G H H N
A D U A A N I Z P B X Q T N A
M T Q T E L G C M B X U N W M
H C R O K W I O R F K Q A I U
E I R N I S L Z R V K L P C J
X H H U S M F A E F A V K K N
T D Y A O J O S H R Q A C R O
I P R L T H Y F T T U L A B R
O U P U E O H E B Q E E L Y B
J B A R B E R S H O P L B C I
U A T D R B P E U E S H E H T
J T A S X S F H Q R T U O Y L
C B T S R E G N E V A G E G S
```

AVENGERS - BAD BOYS - BARBER SHOP
BLACK PANTHER - DJANGO - EQUALIZER
GET OUT - JOHN WICK - JUMANJI
JURASSIC PARK - LETHAL WEAPON - MATRIX
NORBIT - RUSH HOUR - TAKEN

Date:……………………………………..

Signature:…………………………….

Sneakers

```
X D H R A C R E L Z J H W U A
E Z O M E A Q N B N M F I S D
J K U Q W E V A N S I B I E I
K P I E M X B S C I S A S L D
G D P N C G K O F B W R U Y A
V V W F L N X K K O E S B I S
I J Y U U V A I Z V P K U L Q
U H H I E S Y L N D S Q F T U
B B K J Z R C O A W Z A C A S
E Q L M K E C W I B I I K M B
P H V F Y H H S C T W Q N V P
I A S E A C S B Q M Y E V W I
E F P P F E W J O R D A N S T
D U N X S K E N S A J V G I Y
X X C U D S H Z G K O A R X B
```

ADIDAS - ASICS - CONVERSE - FILA
FUBU - JORDANS - KSWISS - NEWBALANCE
NIKE - PUMA - REEBOK - SKECHERS - VANS

Date:..

Signature:...............................

Luxury cars

```
C P D O Q R F B Y G I M I H L K P J W B
E Z D W M O S J F N J T C K Q R R Y W Q
Z H L I Q L B L I X T Y T L J Q N L Q N
B N C Z A L B H I A C E G U A A Z I W Y
P E K S Q S G A G R S L W T L R F K W B
T I Y Q R R D U Y L A T W T A N E P J D
Z F S Q O O B S A L F N A N M S R N J E
A W F B U Y P M Z M Y E G U L R G V A P
O T M H R C C E E V O B Y E C D D H G E
Y A T O J E P R I W L X K T R C U O U C
L N G H U G C W Z G M M O Y J O C A A F
A C I N S E N X S S D B O I F V V A R K
Y A K N D X I G F K L O N E N H R E C O
V L Y E A B F E U M T L P M X A E A R R
O D S Q R D V L Q L S P D K P W W X L Q
U S K A S T O N M A R T I N X W Y U W S
I I T A R E S A M V J X G B V A N P N M
U A U G Z C U X E G J B K U E T F V B O
F E R R A R I X W S I M P P W O P A F R
W Q R W Y W U G V C R H X N Q W I D U A
```

**ASTON MARTIN - AUDI - BENTLEY - BMW
BUGATTI - FERRARI - JAGUAR - LAMBORGHINI
MASERATI - MCLAREN - MERCEDES - PORSCHE
RANGE ROVER - ROLLS ROYCE - TESLA**

Date:…………………………………..

Signature:………………………….

Comedians Part 2

```
B M U L S H G S B C K S G S Q B V E J C
M I T N X E P T V L R C T X P Y V B E G
V L L Q W P K Z F A O E E Z Z E P D X I
Q A W L E O B Y E I V N P M S L R O C N
H O Q E B N R P S E M W J J V I I T M A
D A K S C E S B H A H L V U C M F V O Y
A I R I F S L A Y G D R N T N S D T J A
M C I N E T R L X N G N H V N Y C I V S
G Z Q I E V I T A R O E A Z Y E Y Y B H
I B R Q E Z E N Z M E H O W N K E P T E
O A Z Y C T J F L N Y U T W N C L K J R
S O M M O R E Z T Z Z U F N V I H D Q E
A M E C U R B E C U R B A R A R G F L U
D R O F W A R C L L E V A L S J U G F N
Y S N I C T R A C Y M O R G A N H K B B
H F Z R A S M A L X O V A E T L L A D G
Y P Q I Q P J W F F W W B I R B D Z J I
D Y N J F G M I U K S U Z A I Q Z A V W
B E R J C Z F H B F J J G U K B A G B E
R U V A Q Q U Q N C I R N Y L P J T A V
```

ARIES SPEARS - ARNEZ J - BILL BELLAMY - BRUCE BRUCE
CEDRIC THE ENTERTAINER -- DL HUGHLEY
GINA YASHERE - J ANTHONY BROWN - LAVELL CRAWFORD
MIKE EPPS - RICKEY SMILEY - SOMMORE - STEVE HARVEY
TRACY MORGAN - WANDA SYKES

Date:………………………………..

Signature:………………………….

90's Sitcoms

```
H W S F S H T I B S D B E S O T W Z
L A V I E D C C M P O U O Q H H O G
I B N G S M N A N I M R Z O M E H H
V D H G K T R E R H B S M H N K S Z
I W L B I T E H I S H E M I C I Y W
N B G R G N W R N R I L T S G N E L
G G X U O F W A S M F R E R N G R V
S L Y Q X W Y I P I A S D E V O A R
I P X P P A S R T M S N J I K F C M
N W L I W S O T T H K T A S I Q W B
G K M E U V K J E O M W E A P U E Y
L X H U E Y S J P E K R T R C E R W
E T L M M Q K M M P M S C F I E D Z
Z Z E Y N N A N E H T Y G O G N R C
U N G Y H F A R K E M K O F O S K I
T R B U O C W U Q V B A P B F P G Y
E C N I R P H S E R F E H T U X E N
J A M I E F O X X S H O W D L U R R
```

BOY MEETS WORLD - DREW CAREY SHOW - FRASIER
FRIENDS - HANGIN WITH MR COOPER
HOME IMPROVEMENT - JAMIE FOXX SHOW - LIVING SINGLE
MARTIN - SISTER SISTER - SMART GUY - THE FRESH PRINCE
THE KING OF QUEENS - THE NANNY - THE WAYANS BROS

Date:……………………………………..

Signature:…………………………

Ice Cream

```
Y Y B A Y F V P Q E M J I M W E
N R M U Q R E A T Y Y T O I T M
A E R O T A R A N G G O X A E G
T E Y E C T L E T I S Y L C M F
I S C H B O E W B E L O R R A H
L E Y T C P V R T W C L C X E C
O S X O G D S R P O A Z A J R O
P B H M Z O A A H E M R Q O C O
A C D A M C X C R J C L T Y N K
E P P K K J T L X K D A P S S I
N C H S E N Z L V X C X N O E E
G U G R I P C N N J Y A S A I D
T J Y M Z B Y Y G Q H A L A K O
C H U N K Y M O N K E Y S B O U
E A D N U S E G D U F E D K O G
R O C K Y R O A D U T J F C C H
```

BLACK RASPBERRY - BUTTER PECAN - CHOCOLATE
CHUNKY MONKEY - COOKIE DOUGH - COOKIES N CREAM
FUDGE SUNDAE - MINT CHOCOLATE - MOOSE TRACKS
NEAPOLITAN - PEACH - REESES - ROCKY ROAD
STRAWBERRY - VANILLA

Date:..

Signature:...............................

Inventions by African Americans

```
D P S Z S E K S Z C T S X O E C B B A C
T H U F B O L B Y G F N S X G L V W M Q
V A S B C Y L E I K I N N K O Z O F M U
O Y P X N I F P C N H K H O I H M E L C
O C E N M E R K B T S J D Y E I T C K D
S N N P P L D G Q A R B R R J S P O O O
J U D K L Q F O M V A I D A Y G Q O H D
N N E I A U M S B N E F C S H X C J M G
A Z R N N S A F K H G G Y L W V F F X G
P R S S X G W E Q K C T Z G A M V D V X
T Q O F X H O M T M I R E W O M N W A L
S J I R H C R F F R T Z E K U B P D J O
U Z T R O L I J U P A S L C V E E Z H K
D R E Y R D S C W J M I E G O L F T E E
N U W M R T E T N S O A P H S I K C C N
I H H A X S R F C D T S I W T B A F L C
D M W H E M B Q U A U Q N L V O A I O M
V M Z M O A N C Y Y A T Q W B Q L J C V
K F O L D I N G C H A I R S C O G C K P
A H S A T N L P X P B O C F S A X H Y Y
```

**AUTOMATIC GEAR SHIFT - BLIMP - BLOOD BANK - CLOCK
CLOTHES - DRYER - DUST PAN - ELECTRIC LAMP
FOLDING CHAIRS - GAS MASK - GOLF TEE
HOME SECURITY SYSTEM - LAWNMOWER - MAILBOX
MOP - SUSPENDERS**

Date:..

Signature:..............................

Travel Destinations

```
K O D E C Y N A F D S R S L N G
E F C D E A P L R O W W O O I V
D C A N A D A Y U O Q M B N Y P
S L D P E Y M T Z S B X A D Q D
B Y Q A L P H A C N I A B O K U
S D N A L A E Z W E N R R N J L
S W T F F S C V E S L K A O M W
W I T R T P N U K B Z O B P B Z
L Q I T O K Y O B K G L L S L F
O C I U T O Y L K A V O N S L J
A G L I Z Z H I J I R U H U C P
W I R R L A Y A L P X Y O G I V
O K O E W E Q B D V K G Q U M J
L B R A E B A U U O F E O O N K
M I I X S C R D Q O C I X E M S
J I U M V I E B J M N F Y P S E
```

BARBABOS - BORA BORA - CANADA - CUBA
DUBAI - GREECE - HAWAII - ITALY - LONDON
MEXICO - NEW ZEALAND - PARIS - SOUTH AFRICA
SYDNEY - TOKYO

Date:……………………………………..

Signature:…………………………

Major Bible Characters

```
P A Q F M S L R E V L W B M J
A J L O E L I J A H M O A J O
U E S N O A H L C A A H W Q S
L E K L E Q T Q D Z A K Z A E
S M F T O M P A V R Q L G K P
P Z U S I U I H B G L O D A H
G W K D O M E A D M C M M O W
R I S J U Y U J M B A H V Q I
E K S U T F V S V H A R E L R
T H J A S F T G Y K Q P Y I B
E G D S I E A E L E B A B E J
P I J E Y A J C S H K R L C G
O U L H L K H E W E I F I L U
D I V A D G D N V O D B E K L
A E D L O C A H Y E N G D F O
```

ABEL - ABRAHAM - ADAM - BOAZ
DAVID - ELIJAH - EVE - ISAIAH
JESUS - JOSEPH - MARY - MOSES
NOAH - PAUL - PETER

Date:……………………………………..

Signature:……………………………

Billionaires Club

```
P R O B E R T S M I T H D M U K
B N T P E Q N S A I N F A N X P
S E A B R J T D R I O C V O A F
V E R D P A X P K Q T O I S E J
T U T N R M H U Z C L I D I F E
B Y G A A O D E U E A D S L N F
I K L F G R J D C D W O T L O F
F Z C E J L D L K A M D E E T B
L J F L R Y L A E O I O W Y L E
M T X Q K P Q I R A J H A R A Z
N W L O W N E U B N H E R R W O
K A A K J O K R E R A C D A E S
E L O N M U S K R K A U I L C P
K N B J P Q Y N G Y G X L M I U
T T E F F U B N E R R A W T L A
S T E V E B A L L M E R N T A H
```

ALICE WALTON - Oprah - BILL GATES
DAVID STEWARD - ELON MUSK - JEFF BEZOS
JIM WALTON - LARRY ELLISON - MARK ZUCKERBERG
MICHAEL JORDAN - BERNARD ARNAULT
ROBERT SMITH - STEVE BALLMER
TYLER PERRY - WARREN BUFFETT

Date:......................................

Signature:.............................

Popular Baby Names

```
I  B  U  M  F  L  K  S  X  T  U  Y  X  D  T  E
V  M  K  N  R  N  F  K  E  V  I  N  W  Z  H  L
C  B  F  A  N  E  A  F  S  M  G  O  B  O  O  L
I  P  C  V  S  J  F  Y  V  T  A  T  S  L  M  E
R  E  H  P  O  T  S  I  R  H  C  J  E  N  A  H
E  T  Y  M  E  R  E  J  N  S  G  A  O  S  S  C
D  E  R  J  N  R  C  A  A  N  H  W  H  Z  D  I
F  R  O  F  X  W  S  C  M  C  E  L  O  I  L  M
Z  I  J  C  H  U  G  A  I  D  E  J  U  Z  J  P
I  W  F  O  S  V  R  M  V  Y  C  K  Q  K  S  A
U  I  Z  F  S  Y  L  S  B  N  Z  Y  A  A  Z  W
B  N  H  O  J  E  S  X  O  T  M  L  S  A  D  N
Z  R  I  T  Z  F  P  A  M  Y  A  P  Y  Y  I  K
F  X  U  P  S  O  M  H  R  M  M  C  U  P  V  Z
G  K  O  C  D  B  O  Y  S  M  A  G  T  S  A  Q
X  Q  X  U  E  L  F  J  E  S  S  I  C  A  D  V
```

**AMY - ASHLEY - BRUCE - CARL - CHRISTOPHER
DAVID - ERIC - JAMES - JENNIFER - JEREMY
JESSICA - JOHN - JOSEPH - KEVIN - MARY
MICHAEL - MICHELLE - PETER - RYAN
SUSAN - THOMAS**

Date:.......................................

Signature:.............................

Ring Ring

M S P I R B T U V A A T B L G A
A O T C M E W H G I V F I G L X
E P T L O Q V B F K M C A C B W
L R G O D L O G E O T G A S O I
P S J M R N Y L C N M T A A V D
F K H J E O P Z W D E L K M D T
T E C N O P L N T L N E U S C A
H Z F W A H L A T E L Z E U F L
D Q M H G T Y R Z E A L P N R T
L G E L E C T R O N I C S G S S
W Q Z L E T I A M X G L S Z Y X
A J E J F C A E U K Q P U I C T
Y S U L P E N O W I C Z W G R L
X S N P C R G N Z A E L C E I H
Y S P Y X E I Y T L U M X W G R
M Q S N Q P B Y X G X H F H Y I

**ALCATEL - APPLE - HUAWEI - LG ELECTRONICS
MOTOROLA - NOKIA - ONEPLUS - SAMSUNG
TECNO - ZTE**

Date:…………………………………..

Signature:…………………………….

Dog lovers

```
B D I C S P E N E H R D G N S
I Q R S H L U P J E R D R E N
J H R E D I F G L R R P E I A
X L G O H E H I S I E J Y P I
P Z O U J P E U Z T H I H S N
L P M E O W E O A B V T O E A
D J T Q T L H H U A Q U L R
N X I T M T S L S B U O N G E
V V O Z S B L K L N U A D A M
G R E A T D A N E S A I S E O
J T T D O K U V A S Z M B B P
M I R G B W E E U L L L R S Q
M Z P U Q V G O Q F C G Z E A
R E V E I R T E R N E D L O G
L V N V U Q R X J X J R W D P
```

BEAGLE - BULL DOG - CHIHUAHUAS
GERMAN SHEPHERD - GOLDEN RETRIEVER
GREAT DANES - GREY HOUNDS - PUGS
KUVASZ - POMERANIANS - POODLE
ROTTWEILER - SHIH TZU - SLOUGHI

Date:……………………………………..

Signature:……………………………

Fast Food Chains

```
G Z S G N A P W X S T O P B W W
C N R R R C I N E D R T I V R K
W E I B E N H E B L Z Z Z D F R
N E Y K G K D I S A A K Z T S W
R S N S R R C K P N P D A Y E B
Z M T D A E C E R O U F H U Y U
I O D H Y U G R H D T L U U E Q
P M F Z B S V R C C L L T L P H
O T Y R Z G R G U M V G E W O C
E T A C O B E L L B X H G W P N
P T D D P S Y U G E V I F D I Z
S H S U B W A Y D U T A D I R A
T N W J E C R N H B D N M J C X
K V R I K W L H S M G F I Y H B
E I I G Y G H M J X S E R G C Y
Z P P U X Z C R K L K B N K R S
```

ARBYS - BURGER KING - CHECKERS - CHIPOTLE
FIVE GUYS - HARDEES - MCDONALDS
PIZZA HUT - POPEYES - STAR BUCKS
SUBWAY - TACO BELL - WENDYS
WING STOP - ZAXBYS

Date:……………………………………..

Signature:………………………….

Disney Characters

```
F N E D R Y D Y A K E O O T A H
Q A I O O M K V K S X R R I K R
H J L D P N K Q U E F U W N K X
O G I O D X A O N Q S C P K E U
G O O F Y A M L C E I J O E A B
A S L E W Y L E D N X S X R L G
I R I D E N C A D D P A C B U Y
P S Z K O A L E V R U P T E S S
G W C B S E R U J N V C F L R I
M I N N I E M O U S E T K L U M
M F W R L E N I M S A J I H J B
D B A L E S D C D Z A K N A I A
B K A Y V I J V C F C V P R N D
P X H W V I D K A K C G B U G A
K B O W C M U R S W L M C P Q Z
X P V C V J B A E Y S A M M A T
```

ALADDIN - ARIEL - CINDERELLA - ELSA
DONALD DUCK - GOOFY - JAFAR - URSULA
JASMINE - MICKEY MOUSE - MINNIE MOUSE
OLAF - SIMBA - TIANA - TINKER BELL

Date:......................................

Signature:...........................

The Awakening Men Cologne

```
N E H U G O B O S S N C D V S
D A L M Y S L I A W N E E G A
E L U O O Y R M X A E R I J U
R D J T C N G S L R S F U E V
O A I L I H S B C A A P A D A
L H M I P C T I C P F W A O G
O H M P M N A E E A V L Z C E
P U Y C O E E V N U Z K O I T
N T C M D R T Q O N R L M N P
U T H Q O G O S I Y E F V A C
A M O S T R X Z O G A K H M D
D R O F M O T N P C V G C R B
P W M V J N W Y A W A G E A V
M P A N I E L K N I V L A C F
V F N N J U F X Z V U K E I G
```

**ARMANI CODE - CALVIN KLEIN - CREED
HUGO BOSS - JIMMY CHOO MAN
KENNETH COLE - LACOSTE - MONSIEUR
MONTBLANC - NAUTICA VOYAGE
POLO RED - SAUVAGE - TOM FORD
VERSACE EROS - YSL**

Date:……………………………………..

Signature:…………………………

The Advengers

```
R D F I Z S E S H N W T X O J
E A E J R Y H A Y O C H X P K
I Y B G O O W G D C J E I F J
D S S K N K N I Q L P W L W H
L P O O E A W M W A U A F Y L
O A P Y N K R U A F L S A W F
S N E T C A T T B N W P H L E
R D X A T D H H S N A M T N A
E X L X A Q P T O R H U L K L
T B Y O G Q H H B R O D A S D
N A C I R E M A N I A T P A C
I W A R M A C H I N E L C C R
W B H K X G I V H J N O X O K
L H Q E N F T L V B D K W J D
L G V Q L I Y Q L F O I G Q Z
```

**ANTMAN - BLACK WIDOW - CAPTAIN AMERICA
DOCTOR STRANGE - FALCON - HAWKEYE
HULK - IRON MAN - LOKI - OKOYE
THANOS - THE WASP - THOR
WAR MACHINE - WINTER SOLDIER**

Date:………………………………..

Signature:…………………………

America's Favorites

```
A H Q S F E Y V P S P E J R F
T Y X H B F I I Z O S K W E R
G C W R Z I Z P T E S O B G I
S H P I F Z R A E E H C H R E
G P J M A W T H I L T D D U D
O J B P Y O C K C P P G G B C
D G H E C Y O B H W J P T E H
T T F H L O N Z C D D C A S I
O Z I L C P O P C O R N Z E C
H P I S N A E B D E K A B E K
S H J N T C B N Z Y A H R H E
P B U F F A L O W I N G S C N
A U H E K G N X G W M W W W G
Q R Z L S T D A T I R A K U L
K F T I S P E P R M V N Q J O
```

APPLE PIE - BAKED BEANS - BUFFALO WINGS
CHEESE BURGER - COKE - COOKIES - PEPSI
FRIED CHICKEN - HOT DOGS - PHILLY CHEESE
PIZZA - POPCORN - POTATO CHIPS - RIBS
SHRIMP

Date:…………………………………..

Signature:…………………………

Her Essence

```
M O U Y I D J U I R H N P R X
B A N A R I H A N N A K I E Z
M Q R I N X T K H Y U Y N H D
C M I C H A E L K O R S K Y R
Y H H G J C B S S D Q C F R O
C M A H G A S B O N X B R R F
G K O N M C C O A B S E I E M
W L R H E Y C O M G E O D B O
Y T J Q U L H Y B Q E W A R T
O O H C Y M M I J S Y C Y U K
Y T U A E B I N A M R A L B C
I C C U G A R W D V R P P O O
T Y S F F W I M O G I O A I D
I M P Z L B H Y R K R C I H Q
R D H O F W D E E E H V Y D Y
```

**ARMANI BEAUTY - BURBERRY HER - CHANEL
COACH - DIOR - DOLCE GABBANA - GUCCI
JADORE - JIMMY CHOO - MARC JACOBS
MICHAEL KORS - MOSCHINO - PINK FRIDAY
RIHANNA - TOM FORD**

Date:……………………………………..

Signature:…………………………….

Track & Field Stars

```
G V U S A I N B O L T Y M B T K X
C G A K L X O F T H E O M Z V I I
X I T L C O Q Q F Q F X A M L Y E
A V Y D E M L G H A Y S T E O K D
S H S O E R Z O R S A G F P A D S
H I O Q S N I A J F D N P L J Z Z
T A N R E O H E A O O J B P S Y N
O F G L E L W P A S N N N F Z F X
N F A I R V O J Y D A E G T B K O
E O Y L Y W I L H H A Z S F X A V
A H A P E O L L O H J M P R X Z W
T E H L N A J Y O Z U W S T N D A
O S L Z T D A V I D R U D I S H A
N E G B T S E M A J I N A R I K B
K E G L I H Z C K Z G V K H D Y K
N R A O R T E L M S J V A Z R D R
X P Q Q B D B G E R G I A D X N A
```

**ALLYSON FELIX - ASAFA POWELL - ASHTON EATON
BRITTNEY REESE - DAVID OLIVER - DAVID RUDISHA
KIRANI JAMES - LOLO JONES - MO FARAH
REESE HOFFA - TYSON GAY - USAIN BOLT
VALERIE ADAMS - YOHAN BLAKE**

Date:………………………………………..

Signature:…………………………

Nascar Drivers

```
D T E H J N Y M W P W H Y M O R N
A N T C R I J E M Z C R A W U V O
L A O Q A O M Q N S B R I S R I L
E G N C N L U M U A K C T P D X L
E Y Y B H J L B I M L Y G S T G I
A R S B D A E A A E W B Z C B S D
R R T W Z L S R W A J D N M R G N
N A E G Y K T E L A F O A A G U I
H H W K B I R L E Y B C H L Y X T
A J A X N D A S L L G B P N Z R S
R U R C P C W V B R L Y U A S O U
D Y T T E P D R A H C I R B H O A
T N O D R O G F F E J D O N X Y N
K U R T B U S C H H Z Z Q T R Q W
K E V I N H A R V I C K P Y T P A
G E O H H M K S J L L D N A V E J
U U Q E H W W I Q T Q A M P F I B
```

AUSTIN DILLON - BUBBA WALLACE - CHASE ELLIOTT
DALE EARNHARDT - HARRY GANT - JEFF GORDON
JIMMIE JOHNSON - KEVIN HARVICK - KURT BUSCH
KYLE BUSCH - MARK MARTIN - RICHARD PETTY
RUSTY WALLACE - RYAN BLANEY - TONY STEWART

Date:………………………………..

Signature:………………………….

Boxing Greats

```
R O C K Y M A R C I A N O S V L G
E D I R A D G Y N Z O C N Q I E E
I A L S O F O W V S I I R H L N O
Z Q T E B Y V Z Y X K F E N A N R
A N U M I H J T A P I B H D D O G
R X P Y A F E O O Y N C T U A X E
F E J D L K Y H N F S C A R M L F
E M L O I P D L D E L W E V M E O
O X U M Y R S K O D S T W V A W R
J J J U A U Q M B H F V Y T H I E
N O S N I B O R Y A R R A G U S M
X A R U C Q Y W Q U G E M S M U A
Y E L S O M E N A H S J D W G F N
B I O T O A I U Q C A P Y N N A M
A R C H I E M O O R E H O P A L K
J O E L O U I S U Z T Z L R S V Y
V G R U A T Q D T P A J F F I T E
```

**ARCHIE MOORE - BERNARD HOPKINS - EVANDER HOLYFIELD
FLOYD MAYWEATHER - GEORGE FOREMAN - JOE FRAZIER
JOE LOUIS - LENNOX LEWIS - MANNY PACQUIAO
MIKE TYSON - MUHAMMAD ALI - ROCKY MARCIANO
ROY JONES - SHANE MOSLEY - SUGAR RAY ROBINSON**

Date:.......................................

Signature:.............................

52

(DAW)

```
H  D  I  B  R  I  B  F  I  F  Z  W  E  O  S
K  O  H  O  A  U  D  A  C  I  T  Y  R  H  L
Y  D  B  S  I  E  S  A  B  U  C  P  F  A  O
E  N  O  O  I  D  U  T  S  D  C  Y  C  A  O
M  E  O  A  C  Y  U  R  H  I  T  I  Z  B  T
I  U  A  S  J  A  E  T  G  Y  D  K  G  L  O
X  N  X  L  A  P  K  O  S  P  N  A  J  E  R
C  C  U  D  A  E  L  E  R  L  R  Z  G  T  P
R  W  O  E  Y  U  R  O  W  A  F  Z  G  O  Z
A  Q  R  W  I  U  I  R  G  A  Q  Y  B  N  F
F  D  M  L  G  Q  E  E  C  M  L  P  Q  L  U
T  F  H  E  P  T  B  E  K  M  S  K  Q  I  J
B  W  R  X  P  A  Z  H  G  G  D  R  U  V  R
A  Z  F  Q  N  U  D  U  E  W  A  X  U  E  I
V  A  A  D  G  U  Q  C  H  W  S  C  Z  E  C
```

ABLETON LIVE - ACID PRO - AUDACITY
CAKEWALK - CUBASE - FL STUDIO
GARAGE BAND - LOGIC PRO - MIXCRAFT
NUENDO - PRO TOOLS - REAPER
REASON - STUDIO ONE

Date:……………………………………..

Signature:…………………………

Classroom Essentials

```
W P O L Z Q S M S S Y F B C S
T M E N G D Y N Z V Y L P A R
J Q J Y Q C O D G D A S E L E
S H D N U Y U R D C M N C S
K K W M A M R W K M A H C U A
A T C R A U M B M Z K F I L R
N P C A L R O S K O O B L A E
S Y L E P A K R B D D Q E T G
U E R Q R K A E G M R J I O N
D S D D M R C R R X O Q L R D
T E A C H E R A E S K N K S Q
I Z S P C W R X B P O G S H E
D R A O B E T I H W A X E G I
Y A V M J N L L K E O P D F X
F W Z Q H E T N I F P I V W D
```

BACK PACKS - BLACK BOARD - BOOKS
CALCULATORS - CRAYONS - DESK
ERASERS - MARKERS - PAPER
PENCIL - RULERS - TEACHER
WHITE BOARD

Date:………………………………..

Signature:…………………………

Grammy Top Earners

```
Q A Q Q S S U A R K N O S I L A
N R I C U U K V F R P A G Q I S
S E A T B I L A B M E N S O S A
R T Z W L S N R N R A G J L R P
E H Y E K O A C O Y H V X L A B
D A O H L R S C Y Z E V K U Z E
N F C N L U K G U J G W L J D Y
O R F O E C O U R D O M E N K O
W A Z G I J N B Z O C N H S G N
E N A H H K C H E C E I E W T C
I K C G F L C X A R M G I S V E
V L A D I M I R H O R O W I T Z
E I F J P G T V I N C E G I L L
T N A L B N V E Y B S M I R K J
S Y T T E N N E B Y N O T P I O
Z P Q Y J O H N W I L L I A M S
```

**ALISON KRAUSS - ARETHA FRANKLIN - BEYONCE
CHICK COREA - GEORG SOLTI - JAY Z
JOHN WILLIAMS - KANYE WEST - PAUL MCCARTNEY
PIERRE BOULEZ - QUINCY JONES - STEVIE WONDER
TONY BENNETT - VINCE GILL - VLADIMIR HOROWITZ**

Date:……………………………………..

Signature:…………………………

Flower Lovers

```
C Z B B X S S V S Q O Z O A I
S A E E H H B Q N D R W S H R
E E R E D N E V A L I P O E I
I N I N H U S D K W A H Q N S
S M Y L A E C Z U G S C C I E
I G V M I T T B A Z U H S R S
A H K N P L I R T I N V Q E O
D V O B W H D O B B F B F N L
C E S W T E E T N M L Y R R Q
P U E Y N Q T A N S O G L L K
Y P J I X U Y K X V W W S Y S
S D A H L I A S F V E J L E M
D S O I S C A L I L R B S K D
K C P Q U R U L A F S O T X K
U S B G G B A G W S R X G A Y
```

CARNATIONS - DAHLIAS - DAISIES
GARDENIAS - IRISES - LAVENDER
LILACS - LILIES - NERINE - NYMPHEA
ORCHIDS - PEONIES - ROSES - TULIPS
SUNFLOWERS

Date:……………………………………..

Signature:…………………………….

Animal Kingdom

```
E  N  A  F  L  L  J  O  B  C  E  E  N  X  A
Q  E  C  N  I  L  R  B  X  H  F  L  S  X  J
N  B  Z  Z  T  F  W  O  R  E  F  G  K  N  Y
P  I  A  N  L  E  A  E  Y  E  A  A  X  A  R
S  R  U  D  A  L  A  L  B  T  R  E  X  O  Z
D  S  O  G  L  P  F  T  L  A  I  D  G  D  F
P  J  I  I  N  R  M  E  E  H  G  L  O  T  B
G  J  R  Y  E  E  O  I  S  R  T  A  D  Q  X
V  O  R  T  G  P  P  K  H  B  W  B  T  Q  Z
G  P  T  P  A  R  R  O  T  C  A  Y  K  C  S
O  U  S  R  E  L  A  H  W  H  C  B  Q  O  Z
B  G  D  Y  A  K  Q  G  E  U  Y  B  O  Y  Q
E  L  E  P  H  A  N  T  N  I  H  P  L  O  D
C  M  L  S  L  T  T  X  U  G  D  I  D  T  N
R  J  G  W  G  T  G  P  C  M  J  P  J  E  D
```

**ANTEATER - BABOON - BALDEAGLE
BUTTERFLY - CHEETAH - CHIMPANZEE
COYOTE - DOG - DOLPHIN - ELEPHANT
FOX - GIRAFFE - GORILLA - LEOPARD
LIZARD - PARROT - PENGUIN - WHALE**

Date:……………………………………..

Signature:…………………………

CandyLand

```
M T C S N J U F S N R C S S S
M R O K T S U T D I I D Z R S
H I N O J R A W S H I J E E R
X V L X T R A E B K Y E C K H
A I F K B S L T H F S D G C E
N C W U Y T I C E E O I U I R
Q F R T T W T E S E I C M N S
E S B I S A A P P G W I M S H
T K K D P F G Y T O G S Y Q E
Y S Y R Y W N O C O P B B H Y
F R U A I R H E A D S S E W Z
G O L B X Z Z P H I S B A Z E
S M E R E M J Y D S N W R H U
J O L L Y R A N C H E R S E V
S D R E N C S R E L Z Z I W T
```

AIR HEADS - GUMMY BEARS - HERSHEY
JOLLY RANCHERS - MILKY WAY - NERDS
REESES - SKITTLES - SNICKERS - TWIX
SOUR PATCH KIDS - STARBURST
SWEETARTS - TOOTSIE POPS - TWIZZLERS

Date:……………………………..

Signature:…………………………

Nba Teams

```
S R O I R R A W S B H E B K B
J S N E T S B B N S Y U A F G
H K R F C N C L O V L L N Z C
A S N U O O J M T L S Q T Q C
Q Y N I P R L K S F P C S A S
D U X A C S K U I R X N V O A
G M F H C K V B P S U A O W K
R T I C P I S D T S L S A Z I
L A K E R S L E A I I G E P A
G D A B K C K E E Y A N S U J
H N Y C N C W R P T N I G I H
U E F W O S S H X G C K R S A
I T A R C I G A M M F I O R W
V Y M T B Q D G V B R M W C K
O X N T A U L N J W Z N N H S
```

BULLS - CAVALIERS - HAWKS - HEAT
KINGS - KNICKS - LAKERS - MAGIC
NETS - PELICANS - PISTONS - ROCKETS
SPURS - SUNS - WARRIORS

Date:……………………………………..

Signature:…………………………

Inventors who changed History

Richard Bowie Spikes – an American inventor who created the **Automatic Gear Shift**

Paul B. Downing is one of America's great inventors. Downing designed a metal box with four legs which he patented on October 27, 1891. He called his device a street letter box and it is the predecessor of today's **mailbox**.

Charles Richard Drew: Named the "Father of blood banking" was an American surgeon and medical researcher. He researched in the field of blood transfusions, developing improved techniques for blood storage, and applied his expert knowledge to developing large-scale **blood banks** early in World War II.

Benjamin Banneker: Invented America's **First Clock** was primarily self-taught. The son of former slaves, Benjamin worked on the family tobacco farm and received some early education from a Quaker school. But most of his advanced knowledge came from reading, reading and more reading. At 15 he took over the farm and invented an irrigation system to control water flow to the crops from nearby springs.

George T. Sampson in 1892, George T Sampson developed and patented America's first **automatic clothes dryer**

T.E. McNeill an American invented the **dust pan** in the year 1858.

Lewis Latimer : Thomas Edison invented the **incandescent electric light bulb**, but it burned out quickly. It was Lewis Latimer, an African American inventor who worked with Alexander Bell and later with Edison, who made light bulbs practical to use. Latimer created a light bulb with a durable carbon filament and sold the patent to the U.S. Electric Co. in 1881.

Nathaniel Alexander : On July 7, 1911, patented a **folding chair**. According to his patent, Nathaniel Alexander designed his chair to be used in schools, churches, and other auditoriums. His design included a book rest that was usable for the person sitting in the seat behind and was ideal for church or choir use.

John Albert Burr On May 9, 1899, patented an improved **rotary blade lawn mower**. Burr designed a lawn mower with traction wheels and a rotary blade that was designed to not easily get plugged up from lawn clippings. John Albert Burr also improved the design of lawn mowers by making it possible to mow closer to building and wall edges.

Marie Van Brittan Brown was the inventor of the **home security system** (*U.S. Patent 3,482,037*) in 1966, along with her husband Albert Brown. In the same year they jointly applied for a patent, which was granted in 1969. Brown was born in Jamaica, Queens, New York; she died there at the age of 76.

Garrett Morgan As a motorist, he witnessed a severe car accident at an intersection in the city. In response, he decided to expand on the current traffic light by adding a "yield" component, warning oncoming drivers of an impending stop. He took out the patent for the creation in 1923, and it was granted to him the following year.

Who's Ready for a game of **tic tac toe** 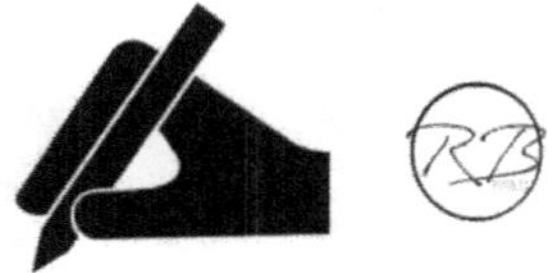

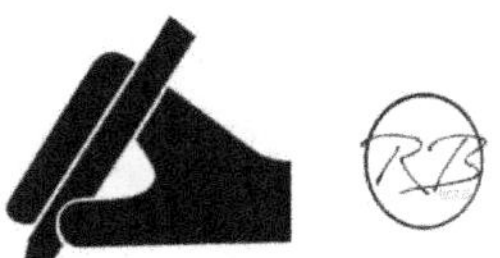

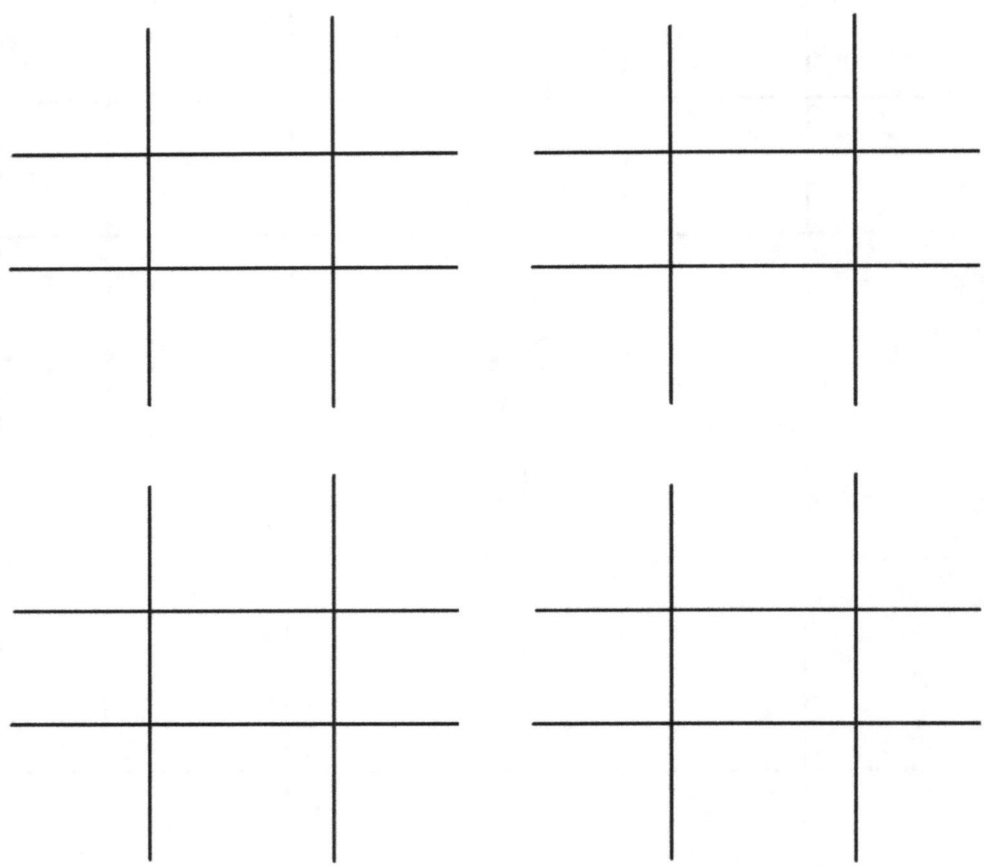

Hug Harder

Laugh Louder

Smile Bigger

Love Longer

Health

Is the Best

Wealth

If you really want

To catch your

Dream

You have to

Chase it!

Forget the risk

And take the fall

If it's what you want

Then it's worth it all

Thank you so much for your support of

The Assembly

"The Word Search Collection"

Date Started: …………………………………………..

Date Completed: ………………………….………...

Signature: …………………………………………..